雲秋魚

黄惠波 著

作家出版社

图书在版编目（CIP）数据

云秋集 / 黄惠波著 . -- 北京：作家出版社，2022.4
ISBN 978-7-5212-1714-8

Ⅰ．①云… Ⅱ．①黄… Ⅲ．①诗集 – 中国 –当代
Ⅳ．①I227

中国版本图书馆CIP数据核字（2021）第269639号

云秋集

作　　者：黄惠波
书名题字：方　斌
责任编辑：丁文梅　朱莲莲
封面设计：覃　汐
艺术篆刻：张文娴
出版发行：作家出版社有限公司
社　　址：北京农展馆南里10号　　　邮　　编：100125
电话传真：86-10-65067186（发行中心及邮购部）
　　　　　86-10-65004079（总编室）

E-mail:zuojia@zuojia.net.cn

http://www.zuojiachubanshe.com

字　　数：68千
印　　张：7.25
版　　次：2022年4月第1版
印　　次：2022年4月第1次印刷
ISBN　978-7-5212-1714-8
定　　价：49.00元

黄惠波

中国作家协会会员。生于广东揭阳玉埔村，现居深圳。

已出版诗集《禾火集》（含英译本）、《知秋集》、《三秋集》、《秋问集》、《秋路集》、《秋草集》、《春秋集·春卷》、《春秋集·秋卷》八部。

目录

卷三　云秋谣

序：仰望，在诗之外

　　《云秋集》收录了我创作于2019—2021年近千日时间里的281首小诗中的195首，"存活率"69.4%，较之以往的比例高出一点点。在本书出版前，有的诗作已在报刊上发表。

　　虽然这是我的第九本诗集，但我依然认为我是"业余"。这倒不全是谦恭，也是以此宣示我的"诗观"：工夫在诗外。

　　虽然我已经在这个世界生活了五十八年，虽然为了活得好些我已经辛苦劳作了三十八载，虽然不少朋友认为我以后可以"专事写作"了，但我依然清醒地抵御着"专业作家"的诱惑。这倒不是我不喜欢仰望星空，而是我更迷恋脚下的地气，地气！

我是一直不太认同"专业作家"一说的。

这些诗有你的影子吗？假如没有，我祝贺你，你是个快乐的人；假如有，我祝贺你，你是个幸福的人；假如不仅有，且有不少，我感谢你，你一定不会误解这本书封面上的那两句："我以对世界的误读，保持对世界的好奇。"

在这一千天里，我忙碌而颇为艰辛的世界，依然悄悄地发生了一些与诗歌相关的"趣事"。之前的记忆都模糊了，近几个月的倒还记忆犹新，而且这些趣事似乎也一直在悄悄地激励着我：

当5月18日晚上，我与素不相识的深圳大学丽湖校区阮彬主任初次见面，阮主任说3月21日（星期天）下午他儿子在深大附高听了我的诗歌讲座后回到家，兴奋地叫停正在做晚饭的他们夫妇，迫不及待地将其摄录的我讲诗的视频给他们观看，看后他就下决心要找到我，并诚邀我到其工作的深大丽湖校区开讲时，我就想：诗歌没有死啊，活得好好的嘛！

当9月9日下午，我在深圳北理莫斯科大学

庆祝教师节会议上即兴讲述普希金并朗诵我的诗作《我站在2019年秋天：为普希金诞辰220周年而作》，犹如一石激起千层浪，让万里之遥的莫斯科大学分会场本来平静淡定的气氛变得激情澎湃时，我就想：诗歌没有死啊，活得好好的嘛！

当9月15日下午，我在深圳中兴学院为武汉市武昌区政法干部政治轮训班讲授《基层工作方法创新和矛盾化解》，课后互动时一位刚从维和部队回国的学员径上讲台，不谈"矛盾化解"却大谈我的抗疫长诗《假如我是风雨雷电》对他的影响和激励，并力邀我现场与他同台朗诵时，我就想：诗歌没有死啊，活得好好的嘛！

当9月23日下午，我到深圳北理莫斯科大学参加2021年深圳文博会"印象俄罗斯"分会场开幕式，并在该校学生活动中心开讲"从'诗歌没有国界'谈起"，看到课后互动的大学生为抢话筒竞争先恐后离开座位在讲台右侧排成长龙时，我就想：诗歌没有死啊，活得好好的嘛！

当9月25日上午，刚刚获悉孟晚舟女士正从加拿大启程归国时，我即发微信向孟晚舟女士的丈夫刘晓棕先生表示庆贺，我不假思索，此刻只能以诗表达，那么多诗句都在等着呢！犹如孟晚舟女士当晚在深圳机场发表讲话时说的："如果信念有颜色，那一定是中国红。"这些句子，谁听了能不动容！夜深了，我还在兴奋地想：诗歌没有死啊，活得好好的嘛！

当10月14日晚上，我在香港中文大学（深圳）开讲"诗歌的那些事"，讲座结束全体起立长时间热烈鼓掌时（记不清两个小时的讲座出现了多少次笑声、掌声），我就想：诗歌没有死啊，活得好好的嘛！

当10月23日（星期六）下午，在深圳社科院主办的"深圳诗歌'走出去'的创作实践：以翻译黄惠波的诗歌为例"的研讨会上，与会者争着朗诵我刚发表的《我背对2020年秋天（组诗30首）》，有的泪洒当场时，我就想：诗歌没有死啊，活得好好的嘛！

当11月5日上午，我突发腰伤到北京中医药大学深圳医院治疗，小杨医生说其实早就认识我，并且说读我的《胡杨·秋问》很震撼，我遂趴在理疗床上即兴朗诵500行的《胡杨·秋问》至"居延啊居延／穿越了亘古蛮荒／只留下古道热肠／假如三千年不够／我还有十万载时光／可是为什么呀为什么／最热切的回眸总是满目苍凉／最执着的守望总是瀚海阑干／最动人的故事总是令人惆怅／最迷人的爱情总是弥漫忧伤"时，杨医生哭了。这时我想：诗歌没有死啊，活得好好的嘛！

明天还会发生什么，我不知道。

但我知道，假如没有诗，明天将会怎样。

我不由自主地望了望天空。

仰望，在诗之外！

2021 年 11 月 6 日（星期六）夜十时

（腰伤的闲暇中）

天空下的大地

天空下的大地

大地上的古刹

古刹里的僧人

老和尚告诉我

有时候他也念经

在经文远离他的时候

我告诉老和尚

有时候我也写诗

在灵魂远离我的时候

作于 2021 年 5 月 10 日

岁月无事

世界变幻莫测

正义与真理各执一词

而善良只有一种

唯岁月无事

慵懒地主宰死生

作于 2020 年 4 月 25 日

门

我有一道门

我在门里面

我想跨越这道门

但我在门口拦住了我

作于 2019 年 4 月 14 日

非门

开门

门外有大千世界

而屋里空空落落

关门

屋里有大千世界

而门外空空落落

作于2019年8月

在风雨中

我伫立于旷野

电闪雷鸣，大雨倾盆

天空与我都看见了颤抖

等待一个声音

从风雨中传来

"请让开，天空"

作于 2020 年 3 月 28 日

祈求

此刻我多么需要你

你是我的药

我的粮食衣服和烈酒

我的温暖和清凉

我美丽的幽灵

别走噢，夜色

在这迷人的世界

此刻的黑暗

宛若少年时的亮光

恩赐于久违的天然

作于 2020 年 3 月 28 日

祈祷

多么善良虔诚的人啊

去教堂忏悔已过

抑或到庙堂寻求寄托

聆听着动人的赞美诗

抑或凝视着缭绕的香火

可有谁曾想过

真正默默布道的

是那

无言的庭院的荒芜

举头望长天无长物

但见矫健的苍鹰飞过

作于 2020 年 2 月 24 日

人与蝴蝶

五十年后回到故园

村头的芒果树依然

芒果树下的老宅依然

窗边起舞的蝴蝶依然

"人老得比蝴蝶还快啊"

有谁知，这只欢快的蝴蝶

已经死去五百多次

作于 2019 年 7 月

寂寞星球

地球寂寞乎

你不停地自转

你孤独乎

不停地绕着太阳转

生生不息乎

你还有多少秘密之转

……

一人一个地球乎

尘世是我们的太阳

作于 2021 年 5 月 13 日

没有人能看清世界

没有人能看清世界

因为没有人能看清自己

之所以把诗写这么短

是因为我的生命比它更短

之所以把诗写得那么长

是因为我的生命比它更长

眯缝两只眼，点燃一根香

把自相矛盾的世界细细端详

作于 2020 年 3 月 21 日

胸口

我在尘世挣扎

但我明亮的双眸

看不清尘世

当我低头背对尘世

我的心怦然一动

我的胸口装着滚滚红尘

作于2020年3月20日

神出鬼没的命运

不是你我生逢其时

是人间青黄不接

多么不幸啊

我们总想一直幸运

当苦难来临

只有傻子才选择面对

神出鬼没的命运啊

一个大傻子

作于 2020 年 3 月 24 日

奢侈品

远方的星子

该有三万岁了吧

眼前的车水马龙

宛如现代战场的狼烟

此刻，寒夜烈风

我在繁华的深圳

觅得一件奢侈品

"欣然的孤独"

作于 2020 年 3 月 23 日

自画像

朋友，你不必虚情假意

你还记得我儿时的故事吗

你还记得我青年时的誓言吗

你还记得我兴高采烈的样子吗

你还会为我的遭遇而愤愤不平吗

你还会激励我坚韧地等待正义的到来吗

你还会因我的眼泪夺眶而出而怦然心动吗

……

你曾经叫作"我"啊

如今正在远去，远去

作于 2020 年 3 月 22 日

蜗牛

两只蜗牛

奋力地爬行

身下的石板是天路

树上的果子是陨石

人类的大脚是末日

拼死拼活地爬行啊

石路尽头是它们的家

作于 2021 年 10 月 10 日

星期天早晨七时

蜗居

是谁主宰着我整个生命

生命荣枯着我整个生活

生活把我扔到一座大城

大城让我蜗居于一个小区

小区的小屋属于我的领地

领地的小窗藏着我的秘密

我时常斜倚小窗亲昵世界

但我并没有打算与世无争

作于 2020 年 3 月 21 日

没有晚年的人生

一天有多漫长

一年有多短暂

一千年多远

一万年多近

我的百岁青春啊，没有晚年

只有浊酒一杯夕阳一枚

只有古道热肠寂寞浩荡

作于 2020 年 3 月 18 日

距离

我距离夏朝很近

三千年

我距离大漠也很近

三千公里

但我距离家园很远

咫尺之遥

但我距离你更远

你是功业，我是诗篇

作于 2019 年 6 月

天与地对峙着

天与地对峙着

苍鹰从苍穹掠过

夕阳带着惨烈的温柔

向无辜人间再望一眼

我望了望天空

继续咬牙前行

假如前方不是幸福

为何脚下如此艰辛

我发誓今夜无暴风雪

我发誓今夜无暴风雪

天桥下的兄弟们都吃饱了

老八走散的小儿子也找到了

……

菩萨

我说的都是真的

请不要对我怒目而视

菩萨，你还记得我吗

那个扫地僧

作于2019年8月

我在人间没有故事

我在人间没有故事

每当我走投无路

我就去大海边极目远望

在汹涌的波涛里

有无数条生路

清晰而迷离

作于2020年8月

小矮人

我怀着一天的愤懑

送走了多情的夕阳

却见一群小矮人

踟蹰于蝴蝶泉边

我傲然地向着他们走去

却发现在所有小矮人中

我是最矮的那一个

作于 2020 年 4 月

一只小鸟对着大树狂叫

一只小鸟对着大树狂叫

它看树上的老鹰不顺眼

一只小狗对着天空狂吠

它看天上的太阳不顺眼

老鹰知道鸟鸣何意

脸上只是带着笑

太阳知道犬吠何因

只顾温暖地照耀

作于 2021 年 7 月 6 日

老鹰

老鹰老了

栖息于树上

眺望辽阔苍穹

想起所有的飞翔

但除了这棵老树

竟忘了曾飞落何处

作于 2020 年 3 月 17 日

鸟儿死了

鸟儿死了

死在鸟笼中

主人清洗鸟笼

顺手把死鸟丢弃林中

却见鸟儿

扑扑扑

振翅飞走了

作于 2020 年 5 月

春猎

寂寞的春天

寂寞的山

寂寞的树林

寂寞的鸟鸣

我们以为它是鸟

其实它不是

犹如我们自以为是人

其实在它眼里我们不是

作于 2020 年 3 月 8 日

春惑

在黄昏时分

我来到龙湖边

并非赴约

但我知道龙湖在等着我

它对人间有疑惑

想问询我

却在见面之时

彼此相对无言

犹如中国南方这座大城

诡秘的春天

让我告诉你吧

那些血泪与温馨

作别2019年

沉重的拱手

遍体鳞伤从人间走过

大地啊蓝天

请不要以阴郁的眼神看我

又一次出走于黄昏时分

怀揣着忧伤和希望大笑

为我自豪吧，大地

为我哭泣吧，苍天

作于2020年元旦

凌晨四时二十三分

2020 年青年节

一个人走在地平线上

回望大地苍茫

我看你见到我时

你对我露出不屑

是的，你不必在乎我

我在这个星球默默无闻

但你也不必问我为何步履匆匆

天地正值少年

我怎敢老去呢

作于 2020 年 5 月 4 日

2021年9月9日

应该记住这个日子

太阳和月亮如此真实

清风噢，你一定也喜欢月色

你吹拂了我半个世纪

如今让我也摸摸你的脸儿

那么棘手而绵柔

如我伤痕累累的心

9月9日的夜晚终于降临

所有黑夜都可以疗伤

每一个失意的夜晚

都有疼痛和希望

作于2021年9月9日

凌晨四时的世界

凌晨四时的世界

魔鬼和天使

南方的热和北国的冷

理想和现实在拔腿狂奔

一个声音说天色尚早

另一个声音说夜色太深

作于 2020 年 5 月

从南阳到襄阳

当

两千八百年

握在我的手中

眼前的

这一碗辣面

升腾的热气

早已化作了

一缕青烟

青烟的那一头

依稀站着

一群历史老人

和一个诸葛孔明

我依稀看见

那些伟大的灵魂

那一颗颗卑微的心

作于 2020 年 1 月

凝望龙湖

我总是喜欢在清晨凝望龙湖

我总是喜欢在白天凝望龙湖

我总是喜欢在黄昏凝望龙湖

我总是喜欢在夜里凝望龙湖

在分不清暮色与曙色中

静静地凝望着龙湖

龙湖永恒地沉默着

我知道只有坚守一腔热血

你才能保持永恒的静默

作于 2020 年 3 月 7 日

在云中

我多么惧怕老去

惧怕蹒跚的步履

更惧怕胆怯和私欲

在云中我看见了人间奇景

那些匆匆脚步原是蹒跚步履

那些胆怯自私原是满脸笑意

作于 2021 年 2 月 22 日

今夜

今夜的废墟，是否

比千年前的城阙

多了三分神秘

今夜的星光，是否

比千年前的月色

多了三分迷离

今夜的我，是否

比千年前的你

多了三分诡异

作于 2020 年 3 月 16 日

我如一阵风

大地有三万种燃烧

尘世有三万种美好

我如一阵风

从宽厚的大地到孤独的天边

自斟自酌

短哭长笑

作于 2020 年 5 月 26 日

烈日和暴雨

烈日和暴雨

凝聚成我的躯体

词语的幽灵

从思想的胸膛飞离

它们

流落于暗夜

游荡于灿烂星际

企图

去迎接黎明降临

却在太阳升起之时

扑倒于大地

笑着

以天真而干净的面貌

将瘦弱的躯体

伸展成一首诗

作于2020年5月19日

我有万语千言

骏马昂首飞奔

也难敌地之辽阔

鱼儿得水而逝

也难敌海之辽阔

苍鹰展翅翱翔

也难敌天之辽阔

我有万语千言

却难敌你的沉默

作于 2020 年 4 月 12 日

云彩

云彩啊

你看见了什么

在我诞生之前

或之后

当我举头望天

苍穹报我以沉默

云彩哟

你到底看见了什么

作于 2020 年 5 月

诗在人间

一声啼哭，然后粲然一笑

裹着一首诗来到人间

所有人都怀揣一首诗而来

后来许多人把它贱价售卖

如今我的诗已从脸上移居胸口

夜深人静时，胸口的狂欢会隐隐作痛

作于 2019 年 8 月 24 日

每个人生都是一场虚惊

一声啼哭而来

一声叹息而去

来前的世界怎样

去后的日子如何

谁知道那声啼哭是喜是悲

谁明白那声叹息是哀是乐

每个人都在茫然中功德圆满

回眸一笑，几度轮回

每个人生都是一场虚惊

作于 2019 年 7 月 30 日

生命

在南极洲或北冰洋

冰雪怎么活我就怎么活

在火焰山或吐鲁番

石头怎么过我就怎么过

人间冷暖奈我何

我的肉身终将归还大地

但我的灵魂啊

一半是冰雪一半是烈火

作于 2019 年 5 月

谁伫立于苍穹之外

此刻光阴迷蒙

迷蒙注视着此刻

谁在风中吮着奶头

谁在风中玩着过家家

谁在风中呐喊

谁在风中裸奔

谁在风中浪迹天涯

谁在风中满眼霜花

还有谁

伫立于苍穹之外

遥望尘世，龇嘴咧牙

作于 2019 年 12 月

冬日

风儿告诉我：

此刻万物已凋零

落叶告诉我：

听到了大地心声

心儿告诉我：

不要让灵魂走太远

灵魂告诉我：

去远方寻觅你的诗篇

作于 2021 年 2 月 23 日

你是否还记得你的归途

三千载抑或十万年

人类啊依然自诩万物之灵

你的思想你的德行

莫非早已挥霍殆尽

谁伫立于九天之外

看着你一意孤行地走远

你是否还记得你的归途

那辽阔的田野古朴的屋檐

作于 2021 年 1 月 17 日

泪之光

我惯于在黑暗中睁开双眼

不为觅路

只为让黑夜看见我的泪光

当我把双目闭上

泪的光芒将随孤独的黑夜

自由地流浪

作于 2020 年 9 月 1 日

忏悔

鞭打我吧

让我皮开肉绽

直至露出

我洁白的灵魂

在烈日下

在暴风雨中

直至我喊出

"痛快啊我的灵魂"

作于2021年1月17日早晨

回眸

地悲天欢笑

云怒雨凄然

风驰骋天地间

你匆匆而来

我匆匆离开

一回眸一万年

作于 2020 年 12 月 26 日

失眠

我酣然入梦

却又莫名醒来

我知道天地夜行不已

是我被嫌弃了

夜空中星月黯淡

我的路依稀可辨

冷风知道我在劳作

莫非天地惦记着我

作于 2020 年 12 月 26 日

静默总在静默中消失

在每一个白天

我都渴望高歌

但我更需要夜晚的静默

静默总在静默中消失

犹如欢乐与忧伤

总在我看到它时逝去

作于 2020 年 10 月 6 日

机器人

超能机器人

接通了我的灵魂

我快速按下"感动"键

准备好为一切善良而感动

但键盘无动于衷

机器人顶天立地

我也立地顶天

但我忘了

大地已经绝缘

作于2020年8月11日

宇宙如一盘没有下完的棋

黑夜不是我的朋友

也不是我的敌人

而是我的导师

它让我专注于夜空星月

但见苍穹杳渺，时空轮回

宇宙如一盘没有下完的棋

作于 2020 年 7 月 27 日

是谁

是谁克扣了我的理想

又是谁

粗暴地掳走了我的善良

是天空，是天空啊

但满地的落叶告诉我

你就是自己的天空啊

作于 2020 年 7 月 3 日

我的诗篇

置我于高山之巅兮，风吹雨淋

置我于辽阔草原兮，呐喊嘶鸣

置我于茫茫人海兮，踽踽独行

啊，天上诸神、地上精灵

所有的儒释道仙

你尽管挥舞你的魔杖

但请不要靠近我的诗篇

作于 2021 年 2 月 2 日

去与留

我为每天的错误悔恨

也为每天的错误窃喜

我以对世界的误读

保持对世界的好奇

光阴啊

无论你想带走什么

哪怕死亡

请你把热情和理想

给我留下

作于2021年1月13日

泪与笑

菩萨啊

请不要强迫我欢笑

我为你的慈悲垂泪

你却总以微笑相对

作于 2020 年 7 月

过去和未来

我们怎样来到这个世界

我们永远也无法知道

漫长的日子像一瞬间

每个人未来的日子还有那么一瞬间

我们永远找不到河流之源

也永远无法登上高山之巅

黄昏时我在山顶眺望远方大河

但见落日与炊烟

在笑看天上的云

作于 2021 年 1 月 19 日

或许

或许

在若干年以后

茫茫宇宙之中

通往地球的各个路口

都会悬挂醒目的标语

"前方危险，闲人免进"

作于 2020 年 7 月 3 日

守候

无情的盛夏

所有人对世界都斜眼相看

天上的白云不动

沙漠在烈日下闪光

我静静地守候着

守候那一轮高原落日

等待黄昏后的落寞与清凉

却看到全世界对我斜眼相看

作于 2020 年 6 月 30 日

忍受

谢谢你忍受我的丑陋

忍受我的突然降临

忍受我所有的不能忍受

包括，忍受我

独自面对惊慌失措者

敞开心扉哑然无语

我们都代表正确，但

我们生活在不同的世界

冷落我吧，大地

我已忘了你的疼痛

作于 2020 年 8 月 23 日

召唤

左肩疼痛

岁月在召唤我

双腿疼痛

江湖在召唤我

两眼疼痛

先知在召唤我

心口疼痛

历史在召唤我

我以沉默回应召唤

双手握紧悲悯和苦难

作于2020年6月14日

跋涉

跋涉啊跋涉

在泥泞的路上

荆棘丛生繁花似锦

爬起，扑倒，再爬起

直至有一天

悠悠的白云对你说

——我伟大的王

让我做你的梯

作于 2021 年 5 月 4 日

我的宗教

请原谅

这个星球上

所有的宗教

都不是我的宗教

但我有很多宗教

所有的日出日落

所有的悲欢离合

都是我的宗教

作于 2020 年 6 月 5 日

江湖在夕阳中远去

江湖在夕阳中远去

尘世只剩一首诗

漂泊于繁华都市

寂寞柔韧欢乐

谁伫立河边叹息

谁难掩气喘吁吁

但见两岸霓虹闪烁

理想在右，悔恨在左

作于 2020 年 12 月 22 日

每当我枯坐陋室

每当我枯坐陋室

抑或我伫立窗前

我常常看到我的生命

在时光的星空下

与宇宙万物活脱脱的生灵

相遇相视相知相怜

我知道我的生命没有未来

它在远方之远，没有身份证

作于 2020 年 12 月 24 日

谁是今夜的逃亡者

谁是今夜的逃亡者

不是落叶也不是月色

不是私奔的小情人

也不是债台高筑的汉子

月色如霜，旷野茫茫

满地无家可归的文字哟

你是否在觅

怜你之人

作于 2020 年 3 月 11 日

我

我有两个我

一个我在尘世

另一个我在桃源

犹如此刻

我伫立龙湖边

看着我在落叶缤纷的萧瑟秋风中疾行

作于 2019 年 10 月

我仿佛

我仿佛还是我

当我不由自主地仰望星空

天空仿佛还是远古时的模样

只是现在的月亮没有从前冷静

从前的星星也比现在暖心

此刻，我在龙湖边踽踽独行

我看见了我孤单欢乐的心灵

以天空为明镜

作于 2021 年 5 月 4 日

一个名字

该怎么感谢你呢

我的好友，莫逆之交

我们一起来到世上

是执着还是巧妙

同床异梦而同悲同喜

相疑相忌而相偎相依

直到某一天来临

你和我：执政者与政敌

彼此大喊一声：兄弟

从此世上只留下一个名字

作于 2020 年 8 月 22 日

我守着六座关隘

我守着六座关隘

第一座防守天神

第二座防守地鬼

第三座防守人精

第四座防守恶畜

第五座防守瘟疫

第六座防守心魔

六个我凛凛然顶天立地

六个我排列成一首诗

但我的诗你不忍卒读

犹如你不忍看到我

漂泊而孤守的灵魂

作于 2021 年 6 月 2 日

每一天

睡梦中睁开双眼

看见了使命与诗篇

别人的美好世界

——消失于眼前

当黄昏来临

灵魂尾随着我

举头望星月依稀

泪痕与欢颜

作于 2020 年 8 月 14 日

这是我的家园

深秋

黄昏

暖阳

深山

褐石

野花

森林

小径

飞鸟

一本书

一弯新月

一条时空隧道……

啊，我美丽的家园

作于 2020 年 10 月

假如冬雨飘落于清晨

假如冬雨飘落于清晨

谁能不恨着这凄冷

从早晨到黄昏

我以强烈的慈悲拒绝孤零

直到玫瑰色的晚霞莅临

此时，我想起了遥远的爱情

作于2021年2月10日

（腊月二十九）

清晨时霞光告诉我

清晨时霞光告诉我

我们只有痛苦和忧伤

没有任何理由欢乐

黄昏时霞光告诉我

我们只有欢乐

没有任何理由痛苦和忧伤

作于 2021 年 4 月 5 日

生命与岁月

我们的生命和岁月啊

我们没有生命

只有些许艰难的岁月

但它就这样固执地坚韧着

岁月如沙，握之不住

默默地呈现着虚幻与真实

我们的岁月和生命啊

我们没有岁月

只有高贵的生命

作于 2020 年 2 月 7 日

卷 二　秋之歌

我站在2019年秋天（组诗三十首）

你可以不信

你可以不信：

谁的怀里揣着秋天

谁就是永恒的诗人

犹如你可以不信：

谁一接触爱情

谁就成了诗人①

____

① 后两句为希腊谚语。

我双手紧握着秋日黄昏

大地太沉重

于是有了天空

没有人问风从何来

但风还是来了

风儿啊别笑我孤单

也别嫌我两手空空

我坚定地向着黎明走去

我双手紧握着秋日黄昏

"我们从来没有进入秋天" ①

幻灭或永恒

啊，对不起

在这个世界上

所有的活物中

我只悲悯人类

所有的静物中

我只缅怀废墟

所有构成伟大生命的光阴中

我只留恋秋天

秋天不是所有人想象的样子

"我们从来没有进入秋天"

---

① 东荡子（1964—2013）诗作《盲人》里的句子。

秋天啊你快些来吧

秋天啊你快些来吧

让我的灵魂升腾

一股焦躁的力量

正在炙烤着我的全身

秋天啊你快些来吧

让我的灵魂升腾

一股伪善的力量

正在粉碎我的善良

秋天啊你快些来吧

让我的灵魂升腾

一股沉重的力量

正拖着我坠入深渊

秋天啊你快些来吧

快些快些来吧

让我的灵魂升腾

升腾升腾升腾

故园的秋天来了

在玉浦村，晚饭后
我伫立于屋檐下
皮肤喊饿
我赶紧回屋内
取出压在箱底的思绪
走到家门口使劲抖了抖
抖出了一些温软的凉气
啊，故园的秋天来了

我的越野车飞快掠过黄岐山脚下

秋天是孤寂的

在这个深秋的清晨

我奉命去完成一项使命

一项被人视为光荣的使命

朝霞陪我匆匆上路了

黄昏时分，夕阳依依

我的越野车飞快掠过黄岐山脚下

山上的松树鸟儿不停地悲啼：

"你的使命在前方之前方，

但这黄岐山的孤坟埋着你的双亲"

每年秋天我都会来看你

每年秋天我都会来看你

其实在你死后

我的生命就都是秋天了

你是否发现我也在一天天老去

我的儿子很久没有炫耀我阅兵的步履

只会悄悄地在我走过时盯着我鞋上的泥

这个秋天太阳有些猛天也有些热

我觉得两眼有些昏花

但我依然清楚记得那条熟悉的山路

我七弯八拐地绕过几十座矮房子后

母亲

在你的坟前，天突然阴冷下来

秋收的记忆越来越模糊了

秋收的记忆越来越模糊了

稻田的模样也越来越模糊了

只记得那时候父亲在田野劳作

母亲在田野劳作

大姐在田野劳作

二姐在田野劳作

三姐在田野劳作

而我，也在田野劳作

那时候我八岁

八岁的孩子何以爱上了秋天

是八岁的辘辘饥肠告诉我

八岁的秋天和一箩箩的稻谷一样金黄

假如我的忧伤是迷人的

假如故乡是迷人的
那是因为故乡有母亲

假如母亲的唠叨是迷人的
那是因为唠叨里有你的笑容

假如你的笑容是迷人的
那笑容里一定藏着我的忧伤

假如我的忧伤是迷人的
那一定是在秋天

突然想起遥远的喀什

突然想起遥远的喀什

摇摇欲坠的高台民居

若干年前某个寒冷黄昏

我在秋阳斜照的墙根儿

与一个妇人热烈地攀谈

我看她尚年轻

她说她只有一百零六岁

倏忽间又一个十月来临

我问深邃而神秘的天空

老妇和她的墙根儿是否安然

古战场上秋色异

古战场上秋色异

谁在风中

夕阳独依依

多少白骨深埋黑土里

光阴美好，苍穹美好

多么悲壮的土地哟，这里

所有的故事都与我无关

只有阵阵烈风

在黄昏，从我的羞愧掠过

秋天是风的恋人

黄昏的旷野

神秘的世界一览无遗

苍穹清晰地呈现迷蒙

大地像初生婴儿

秋天是风的恋人

轻柔的气息在耳畔呢喃

风儿啊，为何每到秋天

在我的脚跟和发际之间

就充满了悬念

深秋的黄昏珍藏着预言

一个人走在深秋的旷野

烈风卷起我厚重的衣衫

我看见现实从历史走来

又执着地向着历史走去

深秋的黄昏珍藏着预言

神秘的旷野默不作声

风儿啊风儿啊风儿啊

快点卷走我所有的迷惑

寂寞的北极村之北
——漠河之秋

纷纷扬扬的落叶

是破碎的历史

和我漂泊的故人

寂寞的北极村之北

白桦林里寥落的犬吠

谁在寒风中等待着什么

大雪是终究要下的

且必须一场一场地落下

直至将所有破碎凝结成书

我默默祈求风再冷一些

——悼温远辉

2019年9月21日，星期六。上午九时三十九分，刘中国兄微信：刚才南翔兄发微信"送诗人、评论家、年纪尚轻的老朋温远辉远行"。中国兄深情留言：诗人飘然远去，诗歌的光芒继续照亮人间。我将诗刊社的《著名诗人温远辉逝世／温远辉诗选》转发给好友阮雪芳。雪芳回复：心痛……泪流……今年初在广州闻悉远辉老师患病，在回深圳的动车里一路流着泪……

2014年去广州，我的第一场聚会由他主持，非常非常温暖的好长辈，愿他走好。温远辉，生于1963年，2019年9月20日逝世。

这一次你真的远走了
南国的初秋一阵抽搐

此刻你是忧伤

还是欢欣

抑或心静如水

你分明还在微笑

从此就不理世间事了

你不能只当旁观者呀

我默默祈求风再冷一些

在你远行的日子

世界应该冷得像个秋天

我站在2019年秋天

——为普希金诞辰220周年而作

我站在2019年秋天

遥望你的1799年

亚历山大·谢尔盖耶维奇·普希金

世界还是原来的样子

我手握一棵中国的稻穗

走过你第二百二十个秋天

世界已非原来的样子

但你的旷野依然有风在怒吼

而我的荒原依然有马在嘶鸣

"秋天一来我就感到心花怒放

俄罗斯的寒冷有益于我的健康

我对日常生活又产生了爱恋

我食欲旺盛，梦也时常飞翔"①

多想告诉你噢，我的朋友

无论未来的世界变成什么样子

我的衣兜里都揣着十万个梦想

让它们与你所有的秋天一起飞翔

① 俄罗斯诗人普希金（1799—1837）诗作《秋》

第八节里的诗句。

我秋天般灿烂的脸瞬间燃烧着激情

这是什么时候的中国人：

"他会扭过头来

给你一眼

于是你看见

他那秋天般阴郁的脸

燃烧着激情" ①

中国人啊！那张阴郁的脸

永远定格在

马雅可夫斯基1926年的秋天

当我站在2019年10月的北京

我忘不了一个俄国人曾经这样诉说着我的

　祖先

我秋天般灿烂的脸瞬间燃烧着激情

————————————

① 马雅可夫斯基（1893—1930）诗作《莫斯科
的中国》。

你的秋天如今藏在我上衣口袋里

啊，我要问年轻的你

伊迪特·伊蕾内·索德格朗：

五百年前你是否我的邻居

你的秋天如今藏在我上衣口袋里

"秋天的日子是半透明的

涂在森林金色的土地上……

秋天的日子对全世界微笑

屏除杂念的睡眠多么美好"①

——可惜我不是你，我的住地在龙湖

"我是秋天最后的花朵，

我是死去的春天最年轻的种子

最后死去是多么容易

我已看到那童话似的蓝色的湖"②

---

① 芬兰诗人伊迪特·伊蕾内·索德格朗（1892—
1923）诗作《秋天的日子》里的句子。

② 伊迪特·伊蕾内·索德格朗诗作《秋天最后
的花朵》里的句子。

让秋天去管辖宇宙吧

在这迷人的秋天

我顿失语言之能力

但我突然有了百倍的视觉

和千万倍的心灵感应

我看见了两棵树正在恋爱

我看见了所有的森林都在恋爱

我感应到全世界都沐浴在爱河中

我感应到地球与天外都沐浴在爱河中

秋天哟，你又一次向我证实

你本是天上的季节

一年一度流落在人间

那就让秋天去管辖宇宙吧

免除彗星撞击地球之厄运

古刹在阳光下静默

古刹在阳光下静默

深秋的午后

山里的鸟鸣诉说着

寒冷和寂寞

羊肠小道上走来一位僧人

他在路旁的大石前伫立

石缝里透出些许脂粉香气

远处的古刹把一切看在眼里

所有悲秋者都是秋之叛徒

一觉醒来林子就红了

林子里的村庄也瘦了

是有谁在说着情话吧

还是有谁做了错事呢

是山里人颠倒了季节

还是城里人忘却了秋天

聪明的，都错了

所有悲秋者都是秋之叛徒

秋天是我唯一的宗教

只有它更接近善良和悲悯

我端坐于地球之上

我端坐于地球之上

在深秋的星空下

旷野视我如一滴水

大海视我如一粒沙

慈悲的大地啊

你是否感受到我的沉重

皎洁的秋月孤独地望着我

——我在天涯

葬之于秋湖之畔兮

我用十万个行囊

装上半生的遗憾

翻越十万座大山

葬之于秋湖之畔

就让它静静地

陪伴它的夕阳

而我必将继续

去天地间流浪

秋天满面红光而眼眸冷峻

在辽阔的晴空下

我与秋天对视

我在秋天之左

——不，之右

秋天在我之前

——不，之后

秋天满面红光而眼眸冷峻

不知是在布道还是在叹息：

"尘世的一切我看在眼里，

我不为所有的变幻担忧"

谁说秋色无边

谁说秋色无边

我只看见苍穹下

小心翼翼的一小片

啊，只要天空有多辽阔

大地就会有多辽阔

只要大地有多辽阔

那一小片的秋色哟

自由的秋色哟

无边的秋色哟

就会连同我的理想和幸福

辽阔　辽阔　辽阔

在深秋有三个陌生人

在富饶的田野上

一个农夫在默默劳作

他好像忘却了抬头

谁家的屋子着火了

一个人进进出出取水救火

他流的汗水足以把火浇灭

临湖的窗边

还有一个人

他惬意地望着十月的天

在深秋

有三个陌生人

他们都叫"我"

这欢快的黄叶

是秋冷

还是春寒

这欢快的黄叶

那远方的日落西山

严冬啊

你不必躲藏

我的怀里早已揣着

一个暖阳

我的小船终于停泊在秋之湖边

我的小船终于停泊在秋之湖边

这里落英缤纷黄叶满地

这里是真与幻的殿堂

这里是灵与肉的驿站

我本在秋天里诞生

也将在秋天里永恒

一阵秋风掠过

却分明听见了秋天独有的声音

没有人，神何以堪

整个下午我倚靠秋窗

整个下午我倚靠秋窗

默默望着窗外的龙湖

湖水在风和光里变幻

多像这个纷繁的尘世

多像我们五彩的人生

原谅我吧我的世界

原谅我吧我的秋天

原谅我吧我的飞鸟

原谅我吧我的爱人

我对自己一无所知

又怎能对你诉说衷肠

秋风啊

秋风啊

你能记住

一朵漂泊的云吗

忘记我吧

我的我

和我的世界

虽然我也在欢快地漂泊

但我连一朵云

都不是

我背对 2020 年秋天（组诗三十首）

题记：我有一秋，一湖；我诗湖三十，以飨秋生。

谁赐我一秋一湖

谁赐我一秋一湖

湖东绿树成荫

湖西落叶飘零

湖南细雨斜风

湖北大雪漫天

举头见日月，我在尘世间

那一碗遥远的热汤面哟

诉不尽地老天荒沧海桑田

清晨的秋湖

清晨的秋湖

总是欲言又止

但我读懂了

你清秋的湖语

你包容了整个世界

所有的丑陋和惊奇

你并不在乎这个世界

总是冷冷地注视着你

上午的秋湖

我看见了一道光

仿佛来自天际

却分明在水上闪烁

企图望穿湖底

上午的秋湖略带羞涩

与光心照不宣地对峙

我知道这个秋天你为何沉默

我必须对你的沉默保持更深的沉默

正午的秋湖

深秋的正午

一湖静水与世无争

一片慈悲光

笼罩着无数梦幻

天地如禅

我乃参禅人

下午的秋湖

午后的秋湖

慈悲的阳光

照着我辽阔的秋天

我的秋湖坦荡无垠

宛若造化打开了圣殿

我的凡胎肉眼哟

看不清谁在凭栏望远

我慌忙把我珍藏的

善良和骄傲裹紧

黄昏的秋湖

落叶啊落叶

请求你在秋湖边等我

就在黄昏时分

告诉我大地有多辽阔

落日啊落日

请求你在秋湖边等我

就在黄昏时分

告诉我天空有多寂寞

月夜的秋湖

月儿忽隐忽现

总是数不清

有多少渔船多少人

在静湖上忙个不停

今夜的渔人只撒鱼草

而不撒网

难怪岸边那只伤心鸟

在夜色中叫得那么欢欣

下雨的秋天是我未来的归途

我伫立秋湖边

遥想下一个五十年

盘算着那么些

下雨的秋天

宛如最糟糕的一节课开讲

又如最精彩的一出戏上演

下雨的秋天是我未来的归途

清凉的雨滴是你古老的叮咛

落叶啊落叶

深秋，夕阳，冷湖

落叶，落叶，落叶

簌簌，沙沙，簌簌

啊——不是落叶的呻吟

是大地的叹息

不是大地的叹息

是落叶的呐喊

落叶啊落叶

你在为成功欢呼吗

你又何尝不是在为失败者宣誓

湖边的那只鸟

湖边的那只鸟

应该正值盛年

在斑斓的秋色里

悄悄然择木而栖

莫非有伤心事

抑或无能为力

唯沉默可以傲视一切

世界不大，它刚刚

从辽阔的天空飞离

我背对2020年秋天

不要凝视我带血的脚印

它未必能宣示我的忠诚

不必问我为何蓬头垢面

请看我身后风云变幻的苍天

啊，当我披荆斩棘而来

我背对2020年秋天

但见理想和悔恨

在夕阳下相拥人间

我错觉这是我的错觉

还是这一秋一湖，但

今年的落叶没有去岁枯黄

今年的鸟鸣远比去岁沧桑

我错觉这是我的错觉

如我曾错觉美好是一种错觉

也曾错觉美好不是一种错觉

深秋的天空强大肃穆

深秋的天空强大肃穆

鸟儿小心翼翼地南飞

夕阳照在冰湖之上

水太硬而火太软

苍穹目睹落叶飘零

俯身对憨厚的大地说

我多么爱你，但春来之前

你还必须历经一场劫波

秋湖默默地承受一切

不屈的秋雨生不逢时

掉到湖里都成了泪

落叶传来天外的叹息

分明在为人间唏嘘

秋湖默默地承受一切

如慈祥母亲苦涩的笑脸

我在宁静中凝望世界

世界在宁静中千里一瞬

这个世界并不同情弱者

神秘的苍穹哟

开示着我们未知的人生

多想抱紧你

犹如抱紧秋天

抱紧秋湖，抱紧

一首柔弱的小诗

小诗哟，宛如秋湖边一棵野草

又如草原上一朵小野花

告诉我这个世界并不同情弱者

更从不屈从于任何强横

我的美好如月下柳影

这是美好的秋夜

多么美好的湖柳

今夜这美好世上

美好若我者有几

我问美好的星空

美好的月儿微笑不语

却遭一阵风儿下凡

风儿在耳旁欲言又止

我的美好如月下柳影

引领我回到远古往昔

秋夜心在水

秋夜心在水

秋月身在湖

本为流动事物

忽为入定僧尼

身不动

心系江湖

风吹过，落叶萧萧

此刻的静湖与落叶

多像一个怕事的人

和一个怕无事的人间

一湖静水对秋天充满恨意

一夜雪花

古道白成一条长蛇

一个老翁

蹒跚跟随一群冒失小儿

一路向湖

一湖静水对秋天充满恨意

一片迷蒙

天地沉默如一部古老史书

犹如此刻我的静默

几场秋雨过后

秋湖变得热烈起来

秋水冰凉

但我知道我知道

你正是以冰凉宣示热烈

犹如此刻我的静默

正是以静默宣示

我也是一团火一团火呀

秋日只适合私语

颠沛了半生的我

终于回到秋湖身畔

秋日只适合私语

渺小世界与丰收大地哟

我是个多么愚蠢的人

我把我最后的财富

我珍藏于骨髓里的善和羞涩

奉献给苍天和大地

但见一只苍鹰掠过苍穹

脚下的茫茫雪山向远方无限延伸

我的怀里揣着十万个厌世的借口

我深情地凝望着

这童话般的秋湖

天外飞来一湖热泪

在寒风中凝结成冰

我深知我的诗句

终如2020年深秋的第一场雪

僵硬抑或融化于无形

漫天的飞雪哟

我的怀里揣着十万个厌世的借口

却抵不过你一个恋世的理由

我希望一百年后

我无法想象

假如没有这一湖静水

我的秋日将情何以堪

在阳光灿烂的时候

我的欢乐将与谁分享

偶尔会有一片乌云飞过

那是慈悲在带走我的忧伤

我希望一百年后

还有人坐在湖边

静静地把岁月和我

怀想

秋天知道我的心愿

柔软的暖阳普照着水面

千万道霞光射向纷纷扬扬的落叶

如千万只眼睛注视着我

我热切地注视着秋天

秋天知道我的心愿

默默地陪我至落日黄昏

我俩并肩而坐

静待天使出现

深秋的清冷穿透了我的灵魂

是你的神秘引来我的凝望

还是我的凝望让你把真相隐藏

在这慈悲的秋日黄昏

深秋的清冷穿透了我的灵魂

一阵古老的风吹过

我听到了遥远的叹息

仿佛五千年前的长啸

化作一声清脆的婴啼

一个人坐在湖边

时空把苍穹揽进怀里

苍穹把大地揽进怀里

大地把山峦揽进怀里

山峦把秋色揽进怀里

秋色把秋湖揽进怀里

我，一个人坐在湖边

默默把时空揽进怀里

亿万年的天空

亿万年的天空

亿万年的湖

亿万年的秋色

亿万年的怒

亿万年的慈悲

亿万年的佛

亿万年的蹉跎

亿万年的我

一湖秋水写不尽人世沧桑

今夜的月色格外清亮

今夜的湖水有些冰凉

当风儿把秋色交给黄昏

黄昏满怀惆怅匆匆走远

谁在山顶上慷慨激昂

谁在旷野中踟蹰彷徨

冰湖默默地承受一切

一湖秋水写不尽人世沧桑

秋天伫立于湖边

秋天伫立于湖边

萧萧然，心潮澎湃

问落日与黄昏

谁更惆怅

问落叶与月色

谁更苍凉

但见烈风掠过水面

凛凛然如历史回声

我愿是

我愿是一只小鸟

或者一只蜻蜓、蝴蝶

也愿是一块石头

上面停着小鸟、蜻蜓，或蝴蝶

甚至我愿是一阵风

从停着小鸟，或蜻蜓、蝴蝶的石头上

拂过

更甚至我愿成为

你随便想象的什么

只要造化啊，赐给我

一个湖，一片林

和秋色一抹

我把尘世抛在身后

我把尘世抛在身后

我气喘吁吁，脸上淌着汗

我必须赶在日出之前到达

天上的星星引领着我

屈辱和光荣激励着我

我终于撕开灰黑的幕布

秋风牵着月色在湖边等着我

旁边站着我寂寞的灵魂

告诉我，回去吧

做一个谦卑的人

独自走过傲慢的世界

卷三 云秋谣

尘世（组诗六十首）

尘世一

那时候爷爷牵着我的手

欢快地走过大街

我对世界一知半解

这时候孙子牵着我的手

欢快地走过大街

我对世界一知半解

作于 2020 年 12 月 28 日

尘世二

当一个陌生人最终成了你的伴侣

当你的伴侣最终成了你的陌生人

尘世间的一场婚姻就圆满完成了

我知道所有爱都经不起考验

但我依然对海枯石烂心存幻想

尘世啊

那些不完整的婚姻和完整的爱情

那些不完整的爱情和完整的婚姻

作于 2020 年 3 月

尘世三

我有两处归宿

一处在茫茫戈壁

一处在繁华都市

戈壁的宅院奢华

都市的小屋朴实

分不清苦难与辉煌

一如我之思绪

我以不可靠的感觉固守心灵

我不知这种感觉来自我的眼眸

还是来自我时常仰望的星空

作于 2021 年 7 月

尘世四

又一次从都市逃离

又一次去找寻我的荒地

又一次失望而归

同样失望的是夏末的冷雨

在街边小饭馆临窗独酌

喧嚣里有挥之不去的寂寞

风雨中一片绿叶悄然飘落

我慌忙伸出手

把天上人间的哀伤抚摸

作于2021年8月5日

尘世五

我向她伸出手

我必须主动向她伸出手

握手的刹那我的手被咬了一下

那是她手指坚硬的钻戒

我向他伸出手

我必须主动向他伸出手

握手的刹那我的手被咬了一下

那是他五根坚硬的权柄

作于 2021 年 5 月 17 日

尘世六

母亲把我带到尘世

父亲告诉我尘世的奥秘

后来，因为尘世

我与尘世失去了联系

那些雪月风花的故事

统统孤独地离我远去

昨天晚上，我为二十岁庆生

今晨醒来，我已经五十有七

或许，若干年后的我

"六十三岁在严厉地斥责五十七岁"①

这，就是我的尘世

作于 2020 年 7 月 25 日　于深圳龙岗作协

---

① 美国诗人斯坦利·摩斯《六月二十一日》句。

尘世七

我自带生命来到人间

并努力在尘世延续

我用一条灵魂的丝带

把维系生命的

物质和非物质

——穿起

我记住这条丝带的名字

"愤怒与忧伤的爱与恕"

作于 2020 年 8 月 12 日

尘世八

儿子三十岁了

我暗自为自己庆幸

每天我醒来他已出门

不知道两小时地铁里他做些什么

晚饭后我们闲聊时他匆匆回来

看得出背上的电脑包也有些许倦意

吃饭洗澡睡觉，有时对着电脑发呆

最奢侈的是看到他逗他女儿玩

现在我只担心，他不再叛逆

也不再与我争辩

作于 2021 年 4 月 24 日

尘世九

美好的世界

是鸿蒙太初混浊天地

是冬雪秋色夏花春雨

夕阳照着龙湖边的乡村小学

一道道金光把未来托起

谁在召唤：活回去，活回去

作于 2021 年 4 月 3 日

尘世十

——给庄儿

想哭时你哭

想笑时你笑

哭与笑时隔三秒

三秒钟有多长啊

沧海桑田地久天长

你眼眸清澈　两手空空

像天空一样虚无

又像天空一样无穷

作于 2021 年 5 月 21 日

尘世十一

你能想象到的事物都一样

今早我看到花在哭树在笑

石头袖手旁观

天空撕心裂肺

黑白云夫妻吵架

小鸟雀高声吆喝着买卖

蝴蝶冒死幽会

日月星辰各司其职

在迷人的尘世间

人乃圣尊，亦如草芥

作于 2021 年 5 月 6 日

尘世十二

公元 2021 年 7 月 20 日

台风"查帕卡"莅临

台风雨横扫三伏天

我分明听见了风雨中的鸟鸣

我不完全知道鸟鸣何意

但我完全知道鸟鸣何因

在我们的世界里

每当黎明，必有鸟鸣

作于 2021 年 7 月 20 日六时一刻

尘世十三

我在人间所得甚多

欢乐·忧伤·孤独

大漠·边城·黄昏

哲人啊

请不要再给我增添

愚蠢的智慧

作于 2020 年 4 月 13 日

尘世十四

"快走快走……"
在儿童电影院
我们匆匆再瞥一眼

"快走快走……"
在青年剧场
我们匆匆再瞥一眼

"快走快走……"
在高铁站
我们匆匆再瞥一眼

"快走快走……"
在尘世间
……

作于 2021 年 3 月 24 日江苏徐州

尘世十五

电梯从五十层下坠

雍容华贵的大堂

熙熙攘攘的街市

五彩缤纷的田野

一望无际的苍茫

我的城市，我的乡村

茅檐低小，溪上青青草

一个老汉刚把马车套好

拍拍双手整整衣角

看样子准备又一次远行

蓦然惊醒——

啊！我生命的履痕

作于 2020 年 1 月 29 日

尘世十六

一首叙事诗

（时间）1941年8月31日

（地点）苏联鞑靼自治共和国小城叶拉堡市

（人物）诗人茨维塔耶娃

（事情）请求在作协食堂谋求一份洗碗工作

遭到拒绝

留下遗书

自缢身亡

（尾声）"她等待刀尖已经太久"[1]

"小莫尔，请你原谅我

我狂热地爱你……"[2]

作于2019年8月18日

———————————————

[1]　苏联诗人茨维塔耶娃（1892—1941）诗作
《生活》句。

[2]　莫尔，茨维塔耶娃之子，诗人唯一的亲人。

尘世十七

那是天空疯狂的时刻

炸雷·闪电·乌云

那是大地疯狂的时刻

地震·海啸·烈火

过去现在未来

人类疯狂的时刻来临

那是对无知的欢呼

和对良知的缄默

作于 2021 年 4 月 29 日

尘世十八

匆匆走过喧闹的世界

星星与霓虹在天地间静默

神仙岭的歌声隐约传来①

尘世间名利场觥筹交错

龙翔大道驶向欢乐与忧伤

红绿灯把过去和未来切割

既然地老天荒只在一念之间

诗人啊，只有你不死的灵魂

注定在历史的沧桑中永恒

作于 2021 年 8 月 8 日

---

① 龙翔大道是深圳龙岗主干道，神仙岭在道旁，
该片区是深圳国际大学园区。

尘世十九

一个卑微的乡下清洁工

居守于臭水沟边

尘世的繁华与其无关

都市霓虹与他无缘

只是每到子夜

幸福的城里人

时常看见水沟边一道金光

那里伫立着一尊真神

作于 2019 年 10 月 10 日

尘世二〇

小区门口捡破烂的老伯

和电视里的天气预报

永远准时到达

我无法进入老伯的世界

但老伯的眼神分明写着对我的宽恕

迷迷蒙蒙的世界

老伯洞若观火

旁人说他刚过六十

却仿佛已活了六十个世纪

约作于2019年5月

尘世二一

周日的午后——

准确地说黄昏时分

深圳——中国最热闹的城市

城里最热闹的商街

街上已经涨潮

潮声直达十八楼的小窗

窗内的人，静静地

翻阅着古旧的《敦煌》

一杯凉白开

暖暖地陪伴着他

久违了，朋友——

穿着破洞背心的深圳人

约作于 2020 年 7 月

尘世二二

不是两行文字

是一声叹息

不是一片迷雾

是半步迟疑

早早写好上联

也有了横批

但每个人真正的下联

都深埋在每个人心里

约作于 2019 年 8 月

尘世二三

天下的孩子不见了

天下的大人到处找

世界依然喧嚣

但不再五彩缤纷

终于在山坳找到

失踪多时的孩子们

正低头玩着手机

脸上五彩缤纷

作于 2020 年 7 月 24 日

尘世二四

在餐馆

一声"你好"

何处来

确信是人声

确认是餐桌那人

只是他

正埋头看着手机

"你好"仿佛来自天际

作于2020年5月18日

尘世二五

我看见了三个叛徒

一只晚睡的鸟儿

和一只早起的蝴蝶

隔着旧窗玻璃

看着一个人在灯下

读一本无用之书

他们仨

都是这个世界的叛徒

作于 2020 年 7 月 6 日

尘世二六

一条土路

一直向前延伸

直至到了一个村庄

包围村庄的是一片葡萄园

村口围着两拨人

两拨人一样兴奋

一种兴奋是因为刚刚抵达

另一种兴奋是因为即将逃离

作于 2020 年 7 月 5 日

尘世二七

今夜苍白

今夜的世界比今夜苍白

今夜的心比世界苍白

今夜的文字比心苍白

粉红的生命

在苍白中

坠落于苍白

今夜的苍白比苍白苍白

作于2021年2月1日夜

（有人坠楼）

尘世二八

天桥下是他们的家

但新来者睡不着觉

冬春太冷寂　夏秋太热燥

屋檐下是他们的家

但新来者睡不着觉

不是人太多　就是屋太少

山脚下是他们的家

但新来者睡不着觉

豪宅一栋栋　主人不见了

作于2020年11月22日

尘世二九

假如那时候你对我说

这不是爱情

我会跟你说不

犹如这时候你对我说

这就是爱情

我会跟你说不

假如那时候你对我说

这不是奉献

我会跟你说不

犹如这时候你对我说

这就是奉献

我会跟你说不

假如那时候你对我说

这不是理想

我会跟你说不

犹如这时候你对我说

这就是理想

我会跟你说不

假如那时候你对我说

这不是我们

我会跟你说不

犹如这时候你对我说

这就是我们

我会跟你说不

作于2020年8月3日

尘世三〇

从罗湖到龙岗

从福田到宝安

从大鹏到光明

从坪山到南山

你的地铁和我的教堂

你的工棚和我的炖汤

你的老板和我的老乡

你要恋爱但我要上访

作于 2020 年 8 月 13 日

尘世三一

子夜的月牙搂着星星

对我眨着慵懒的睡眼

我沉浸于阅读的狂欢中

文字里与先贤再度相逢

电话铃声打破宁静世界

急切切吵醒了妻儿美梦

"朋友"说看中了一套新房

重点说开发商是我老乡

打打折扣请帮个忙

窝囊的我偏不识何方神仙

举头望满脸狐疑的天空

低头向灯下书深鞠一躬

作于 2020 年 8 月 26 日

尘世三二

曾经

我们从混沌走来

自从发明了文字

我们走向了幸福

如今

我们义无反顾地

毅然决然向幸福道别

且以亵渎文字的姿态

作于 2021 年 1 月 20 日

尘世三三

当某一天来临
清晨白日黄昏
我端详着自己
在窗前在镜前
面容不再姣好
但我对自己说
身材健美依然

当某一天来临
清晨白日黄昏
我端详着自己
在窗前在镜前
身材不再健美
但我对自己说
步履依然轻盈

当某一天来临

清晨白日黄昏

我端详着自己

在窗前在镜前

步履不再轻盈

但我对自己说

眼神依然纯真

当某一天来临

当某一天来临

清晨白日黄昏

清晨白日黄昏

我端详着自己

我端详着自己

无辜的眼神啊

是否依然纯真

作于 2020 年 2 月 12 日

尘世三四

我懒惰的朋友

我走在路上是多么幸福啊

我寂寞的朋友

我孤灯相伴是多么幸福啊

我忧郁的朋友

我带着泪笑是多么幸福啊

我成功的朋友

我双手合十是多么幸福啊

作于 2020 年 2 月 22 日

尘世三五

我认真地洗手

然后阅读一本"名著"

翻阅之后

我认真地洗手

作于 2021 年 2 月 11 日 腊月三十

（除夕下午四时）

尘世三六

清晨醒来我愧对奔马

白天醒来我愧对雄鹰

傍晚醒来我愧对落日

深夜醒来我愧对月色

无论我醒于何时

我都愧对历史

是的，只要我活着

面对尘世

我就羞愧难当

我忍着莫名的羞愧啊

且把忍　忍成了韧

作于 2021 年 2 月 21 日

尘世三七

那些受他恩惠的人感恩

一天两天三天

第四天淡忘，第五天埋怨

一年两年三年

那些受他伤害的人痛恨

一天两天三天

第四天畏惧，第五天敬畏

一年两年三年……

作于 2021 年 6 月 30 日晨

尘世三八

这个小世界就像一亩地

世上的人像地里的稻子

稻子长势良好

但稻子里有一株稗子

其实稗子长势也好

但稻子们不喜欢，主人也不喜欢

那天稗子终于垂下了头

主人把稗子摘下，丢掉

却见一颗金子滚出老远

作于 2020 年 7 月 10 日

尘世三九

从都市到戈壁

我以眼前的荒芜

抵御着内心的荒芜

犹如在这个喧嚣的世界里

我以令人生厌的诗篇

对抗着世态炎凉的浮生

作于 2021 年 6 月 12 日

尘世四〇

返乡去

第三十七年了

又听见了故园的召唤

在路上

卑微地向高傲致敬

祖先啊

我只想让你知道

面对返乡

我还可以一意孤行

作于 2020 年 7 月 1 日

尘世四一

突然想回一趟老家

突然想老宅很久没见到我了

突然觉得我老去的速度比老宅还快

突然觉得可以向老宅讨回一些青春年华

突然深信自己是一个逆子

突然怀疑自己成了一个弃儿

突然发现油盐酱醋里的人间正道

突然发现家长里短中的天地悠悠

唉，故乡，偿不完的债务

取不走的债权

作于 2020 年 8 月 20 日

尘世四二

你是否曾深情地凝望过我

在每一次我深情凝望你的时候

在每一次我与你分享骄傲和自豪的时候

在每一次我向你诉说忧伤和彷徨的时候

在每一次我不得不依依不舍离开你的时候

在每一次我伤痕累累出现在你面前的时候

直至当我痛苦的背影消失在你的温柔视线

　的时候

啊，天空，绚烂的天空

绚烂天空下我孤独的故乡

你是否曾深情地凝望过我

作于2021年春

尘世四三

游泳不是我的天性

是父亲交给我的伎俩

当然我以三呛海水交换

那次我在海里游泳

坦白说这并非我所喜欢

准确说我只是讨厌岸上

当我越游越远

当岸上的家乡变成一个点

恐惧如海水般弥漫

从那后我远走他乡

每当恐惧来临

我就去海里把岸上游成一个点

作于 2021 年 5 月 18 日

尘世四四

这里是我的城市
那里是我的乡村
同一个蓝天下
区区千里之遥

这里有车水马龙
和闪烁的霓虹
那里有寂寞老宅
和荒芜的田园

这里抒写传奇
和扭曲的正义
那里珍藏愚蒙
和美丽的回忆

作于 2020 年 3 月 26 日

尘世四五

故园沉默了

见过几百年风雨的

村寨中央的芒果树沉默着

芒果树旁的老宅沉默着

如今回故园

你必须学会沉默

面对着它的富裕

喧嚣

和冷漠

约作于 2020 年 12 月

尘世四六

天冷炉火旺

一锅粥在翻腾

仿佛一群老臣

在表忠心

农妇脸上有笑意

笑涡藏着三分神秘

唉，五十年前的母亲

那时多美丽

作于 2021 年 5 月 12 日

尘世四七

这是

你的唇印

还是

我的脐带血

在我的每一个生日

在我的胸口呈现

那是你

二十六岁的产妇

五十四岁的生命

在我的心口

烙下的永恒

作于2020年农历八月十二日

尘世四八

返乡的老夫妻

依稀记得

老宅的楼梯

楼梯，楼梯，楼梯

木梯子

温暖

光滑

微尘

如逝去的日子

温暖光滑微尘

老妇看着老夫子

坐在梯子中间

点燃了一支烟

作于 2021 年 1 月 28 日

尘世四九

——乡村美神

你对世界一无所知

世界却对你存三分妒忌

长发披肩时，你青春靓丽

长发垂腰时，你脸有笑意

世界在下坠中远去

但你依然对世界保持一无所知

作于 2020 年 6 月 30 日

尘世五〇

她善良得惧怕所有人

年纪轻轻就守寡了

她默默劳作没有怨言

幸福虚幻而实在

她望着怀里的婴儿

在心里默默祈愿

假如今夜星光灿烂

你就是未来的王

善良的女人啊

你卑微的笑容是那么迷人

作于 2021 年 6 月

尘世五一

那时候食不果腹

我们在田野劳作

后来才知道

我们插秧的动作

与城里人弹钢琴一样

而我们收割的样子

比城里人扭秧歌好看

约作于 2019 年 10 月

尘世五二

我膜拜我的襁褓

膜拜我年少时的书包

膜拜我穿过的每一件衣衫

膜拜我匆匆经过的每个地方

膜拜我瞥向人间的每一个眼神

膜拜我不为人知的所有思念

膜拜我写下的每一个文字

膜拜我逆风发出的每一声叹息

亲爱的，当我不在了

我所有的膜拜

是否顽强地长存故园

作于 2020 年 7 月

尘世五三

归国，一座小城

藏着一个心愿

在日出日落间

是人复杂了世界

还是世界让人不再纯真

用后半生明白

故国与故园

痛苦与欢欣

约作于 2020 年 1 月

尘世五四

我可怜田间的蛙鸣

可怜林间的惊鸟

可怜草地上的蝴蝶

甚至可怜天上的云

和那卷云的风

是的，如今我可怜你们

你们没有故乡

约作于 2019 年 7 月

尘世五五

昨夜我大醉而眠

却梦见小时候

黄昏晚饭

天黑上床

夏日清凉

秋冬温暖

醒来日上三竿

揉眼呲嘴喊爹娘

今夜我有备而来

更有期待

但我知道

今夜的美梦

拒我于梦之外

一壶烈酒，冷硬若冰块

作于 2020 年 2 月 4 日

尘世五六

2020 年春天，注定因 COVID-19 而令人
难忘。

2020 年 1 月 25 日

爷爷戴着口罩回家

小孙女大哭

2020 年 2 月 25 日

小孙女拿着口罩

缠着爷爷：

"出去玩，出去玩"

作于 2020 年 2 月 25 日

尘世五七

"宝宝在干吗?"

"刚刚在玩，现在睡了

一说爸爸就满屋找你"

"噢！病区很安静"

"小区也很安静"

"刚交班，但不能回家"

"你要注意安全

我们等你平安回家"

"你们也待在家里不要外出

等着我回来"

（2020 年 2 月 26 日 COVID-19 肆虐时，

一对夫妇的微信对话，对话"平静"得像

一首诗。）

作于 2020 年 2 月 26 日

尘世五八

是谁掳走了这个春天
人类与非人类·COVID-19
沉默和思念

是谁掳走了这个春天
是否只许沉默，不能
不能有思念

是谁掳走了这个春天
在本该姹紫嫣红的时候
连树木也哭成一片秋景

作于 2020 年 3 月 21 日

尘世五九

我鄙夷地对COVID-19写下
"我不完全死去
我的大部分坚强地活着"
我甚至有意看看日历和闹钟
2020年3月28日晚8时

第二天我在读贺拉斯①
在《纪念碑》里看到熟悉的诗句
我全身颤抖血冲脑门
因为兴奋和恐惧

"我不完全死去，我的许多部分
将会逃脱死亡的洗劫而继续存在"

---

① 贺拉斯（前65—前8），古罗马文艺理论家和
诗人，一个被释放的奴隶之子。

噢，贺拉斯！昨夜的我

如何走进两千年前你的情绪

　　　　　作于 2020 年 3 月 29 日

尘世六十

我以一脸倦容

送走所有美好日子

此时我看见了一束光

那是我胸膛之火

熊熊燃烧于

这个渐冷世界

作于 2021 年 10 月 15 日

www.ingramcontent.com/pod-product-compliance
Lightning Source LLC
LaVergne TN
LVHW041509170726
843492LV00005B/1419